AF419914

CUANDO EL ALMA LO GRITA

Antonio González Hernández

Huelva, abril del 2022

Cualquier forma de reproducción, distribución, o transformación de esta obra solo podrá ser realizada con la autorización del autor.

©**Primera edición: 2022**

©**Segunda edición: 2023**

@antonio01_oficial
Maquetación: Antonio González Hernández
Portada: Antonio González Hernández
Impresión y distribución: Amazon

Textos registrados: Antonio González Hernández
ISBN: 979-84-12584-89-8
Impreso en Torrazza Piemonte, Italia

*Reniego de un mundo sin poesía,
pues ésta es el motor de mi percepción,
del mundo tal y como lo conozco;
de lo que soy.*

Prólogo

La vida en sí misma. Dudas, muchas, acerca de todo. Preguntas. Reflexiones. Pensamientos recurrentes. Y sobre todo, escenas cotidianas apreciadas como poesía; momentos enmarcados en palabras que a pesar de la simpleza de las mismas, expresan directamente aquello que necesita ser expresado cuando el alma lo grita.

Este libro recoge en sus páginas aquella poesía surgida de la observación del mundo desde la perspectiva de unos ojos marcados por su propia percepción y las circunstancias que envuelven la cotidianeidad. La ordenación de palabras de los versos aquí recogidos no es otra que la nacida en tiempo y forma al escribir cada uno de los poemas; el vocabulario peca quizás de escuálido y las formas carecen de demasiada complejidad, pues se trata de una poesía puberta cuyo propósito es la búsqueda de la simpleza ante aquella complejidad de temas que trata.

Carece de una temática concreta, de una clasificación específica que se aleje de una amalgama en sí, pues en los poemas son recogidos algunos temas existencialistas, preguntas sobre el entorno en el que vivimos, sobre la propia percepción y contemplamiento del mundo colindante con nuestros sentidos. El tinte autobiográfico es considerable en aquellos poemas con una historia detrás, con aquellas situaciones que han requerido la plasmación de las mismas en forma de poema o incluso de los sentimientos propios que han provocado éstas.

A pesar de la carencia observable en lo referente a temática, sí que cuenta la obra con una clasificación interna que la divide en tres partes. Cada una de estas partes corresponden con el bocetado de los poemas durante el año en el que se escribieron, apreciándose una cierta evolución en cuanto a formas y temáticas de los mismos, incluso la búsqueda de una mayor simpleza de temática y estructuración, extensión de los mismos y léxico empleado. Lejos de un empeoramiento en el vocabulario de los poemas, primoriza la búsqueda de la simpleza de la palabra y las formas con el fin de ser capar de transmitir más con menos. Realmente se trata de la clara ejemplificaicón y consecuencia de una constante evolución de misma poesía, la pecepción del entorno y la manera de transmitirlo.

En total se recogen unos 96 poemas cuya concepción nació de la necesidad de escribir y expresar todo aquello que siento cuando el alma lo grita. Producto del afán de ser capaz de recrear con palabras esos sentimientos, sensaciones, percepciones y pensamientos que se presentan en el día a día, a veces inmiscuídos sin darnos cuenta en nuestra consciencia y otras tantas a flor de piel. La redacción de los mismos no se ha visto obstaculizada por ninguna traba ni tabú, sino que han sido concebidos de la forma más pura en la que la tinta fluyó sobre el papel.

Cuando el alma lo grita
[prosa]

Antonio González Hernández

PRIMERA PARTE

-Sin título-

Una luz en la oscuridad
y silencio interrumpido
por el tik-tak del reloj.

Un goteo contínuo,
sin pausa;
un goteo constante
como recordatorio
de que se consume mi vida
y me consumo yo con ella.

El silencio es armonía,
el perpetuante sonido
de las agujas del reloj,
también.

La quietud de la noche
invade el momento
y el bolígrafo en el papel
completa la melodía,
la orquesta está al completo.

Trazos cortos y pausas largas
al compás,
al ritmo,
para crear una música imperceptible
que dirijo yo,
solo yo.

-Yo-

Amalgama,
esa es la palabra
que mejor me define.

Mezcla de muchas cosas:
sentimientos controversiales,
positivismo,
locura en grandes cantidades,
miedo,
amor y odio,
inseguridad,
paciencia, ansia
y muchas etcéteras.

No me comprendo,
aunque hay días
en los que me acerco a ello
mientras que otros,
soy un completo desconocido
para mí mismo.

En ocasiones
me enorgullezco de mi pensamiento,
en muchas me sorprendo
y en muchas me escandalizo,
pues me tengo miedo
a mí mismo.

No me gusta llorar
pero me encanta desahogarme,
liberarme;
las lágrimas no son
más que la rabia e impotencia
acumuladas en mi ser.

Pienso que pienso demasiado,
que le doy vueltas a todo,
muchas, demasiadas,
que no llegan a ningún sitio
y no salgo de ahí,
perdiéndome en mis pensamientos.

Otras veces
me opongo a pensar
y no sé por qué
no sé nada
pero pienso en eso:
en la nada.

No me conozco;
a ratos me entiendo
un poco quizás,
pero nunca
llegaré a conocerme
en mi totalidad.

En eso se basa nuestra vida:
en buscarnos
y tratar de conocernos,
en darnos un sentido.

-Escritura-

Desde siempre
he sentido la necesidad de escribir,
de desahogarme,
de liberar la tinta sobre el papel
para liberar los sentimientos.

Siempre lo he hecho
y siempre lo haré.

Me encierro en mí mismo,
callo,
guardo todo y no lo externalizo
aún sabiendo que no es bueno
aguantar mucho tiempo,
pues duele.

Me suelto al escribir,
no soy yo
pero sí que lo soy.

Expreso lo que siento,
lo que me duele,
y lo que callo,
todo o gran parte de ello,
eso me ayuda.

Lo disfruto,
pues es más intenso
que un orgasmo,
es superior.

No soy poeta,
ni escritor,
ni artista,
no soy nada
pero a mis ojos inexpertos
aprecio un arte
en el hecho de escribir.

El papel es mi lienzo,
la tinta es mi pintura,
mi escritura son los trazos
y cada palabra es mi arte.

Cada letra es similar a otras tantas
pero única con su propia anatomía,
impresindible para crear cada obra de arte:
un arte abstracto.

-Coincidencia-

La palabra coincidencia está explotada,
repetida en exceso,
malinterpretada,
fuera de contexto,
pues la gente la usa sin control
y sin temor a dañarla.

Para ellos,
cualquier cosa es coincidencia,
no llegan a entender más allá,
a tener una visión más amplia del qué podría ser:
un mundo azaroso quizás
donde una situación fortuíta
se denomina coincidencia.

¿Por qué nos negamos a creer en la causalidad,
en el acontecimiento inducido,
en lo predestinado?

¿Tan rocambolesca es la idea del destino?
¿No es más fácil de asimilar
que la fortuna?

Es complejo de expresar,
mucho;
quizás porque influye en gran medida
la creencia del individuo.

La coincidencia
es un acontecimiento aislado o no;
toda acción conlleva una reacción,
quizás no inmediata,
pero repercute.

Cualquier decisión es una variante
por insignificante que parezca
y puede alterar el destino.

Es más fácil creer en la coincidencia
que en la causalidad del destino,
lo entiendo
pues yo peco de haberlo hecho,
de creer en las coincidencias
cuando ahora me doy cuenta de que no,
no es así
y todo pasa por algo.

Espero que en algún momento
todos lleguemos a esa conclusión;
es más compleja pero necesaria,
cambia la vida y le encuentras cierto sentido,
aprendes a entender todo lo sucedido en un pasado,
cambia todo.

Aunque quizás
solo haya sido casualidad entenderlo.

-Prosa-

Entre la prosa y la poesía
no hallo diferencia,
descónozcola,
haciéndome entrar en duda
de qué hago realmente.

Solo diré que me sale,
que me brota de mis adentros
y la única salida que encuentra
es por medio de tinta y papel,
escritura amateur,
simple,
sin métrica alguna que la ordene.

No pienso,
lo escribo..

Reflexiono,
lo suelto.

No estructuro,
lo plasmo.

Sale solo,
no lo impido.

No adquiero consciencia de lo que hago,
solo fluyo sin propósito alguno
más que dar salida
al manantial que nace en mí.

Dudo que pueda explicarlo
ya que es complejo,
desconozco el idioma
de las ideas que me llegan sin forzarlas;
lo único que hago es escribir y dejar que fluyan
al igual que la tinta
del bolígrafo sobre el cuaderno.

Quisiera llegar a entender
tan solo por un instante
cómo funciona esto:
cómo me llegan las ideas
y cómo las materializo
en palabras y estructuras
que no comprendo a día de hoy,
ahora mismo.

-Vida-

¿Qué es la vida?
Me pregunto
en algún punto de la mía.

Como yo, muchos,
aunque supongo que todo el mundo,
al menos una vez en su existencia,
se lo habrá cuestionado.

La respuesta se ha buscado
desde el origen del pensar del hombre,
con miles de reflexiones y definiciones;
acorde con todas y a la vez con ninguna.

Vida es tiempo,
pero, con el paso de éste,
la vida se acaba.

Vida es estar en el mundo,
pero, algún día,
dejaremos de estarlo.

Vida es respirar,
pero, en algún momento,
exhalaremos nuestro último aliento.

¿Qué es entonces?

¿Un proceso biológico?

¿Un plan de alguna deidad?

¿Es un sueño?

La vida es compleja
y aunque se puede vivir sin consciencia
prefiero no hacerlo,
aunque ello me amargue y atormente
al reflexionar sobre esto.

Aunque hay momentos sencillos,
esperanzadores para mí por su fácil compresión,
y es que depende del enfoque,
del tuyo propio:
de cómo enfoques tu vida.

Saber encontrar
el momento en el que te enajenes,
en el que estés quieto y espectador,
rodeado de un mundo en movimiento
y lleno de vida.

Te parecerá que se detiene el tiempo,
te sentirás a gusto,
querrás inmortalizar aquel momento,
desear que sea eterno;
eso es la vida.

Encontrar el momento
en el que te des cuenta que estás vivo,
que todo a tu alrededor está vivo.

Detente y observa,
inmortaliza el instante;
capta la vida,
que formas parte de ella.

-Locura-

Sensatez y cordura,
¿Qué es eso?

Nado en el mar de mi mente,
en aguas de la locura.

¿Cómo sé que no estoy loco?

¿Dónde está mi certeza?

Me agobio pensando,
intentando encontrar respuesta
sin éxito alguno,
encontrándome aún más perdido.

¿La locura es lo diferente a lo demás?

¿Es lo no establecido?

¿Es el negro sobre el blanco?

¿Es el enfoque distinto?

¿O es el comportamiento extraño?

No sé dónde está el límite,
no sé dónde lo ponemos
ni quién lo establece.

¿Quién decide si una persona,
un pensamiento o una idea
es cuerda
o una locura?

Ahí me pierdo yo,
intentando conocer el límite,
pues es agobiante pensar
que puedas estar loco
o no.

Quizás sea todo lo contrario,
o tal vez no.

¿Quién sabe?

Quizás te sientes liberado
cuando el resto te califica así,
como un loco,
sujeto a su criterio,
pues así encontrarás la diferencia
aunque según un criterio externo,
pero ahí lo tendrás.

Ya podrás dormir tranquilo
sabiendo que sí,
que estás loco
rodeado de un mundo de cuerdos.

Entonces
tendrás esa falsa certeza como verdadera,
que al menos te clasifica y distingue del resto,
quitándote un peso de encima:
el tener que pensar,
que comerte la cabeza,
que reflexionar
sin dormir,
comer
ni vivir
para saber si lo estabas,
si estabas loco.

Aunque nunca tendrás esa certeza
de si realmente es así;
si en efecto eres el loco
o un cuerdo rodeado de locos,
de si los locos son ellos.

-Instantes-

Todo en la vida son instantes,
pequeños momentos,
segundos,
en base a los cuáles vivimos.

La felicidad se basa en instantes,
la tristeza también.

La vida surge en un instante
y la muerte la arrebata en otro.

Por y para todo,
los instantes son necesarios,
a veces se hacen efímeros
y otras tantas, una eternidad.

Dichos momentos nos recuerdan
que estamos vivos,
que seguimos aquí,
en esta realidad
tan extraña a veces
como satisfactoria en otras.

Pueden tratarse de segundos,
milésimas de éstos o minutos,
aunque su percepción se altera
en función de su naturaleza determinante.

Si nos afecta para bien,
los minutos se transformarán en segundos;
si nos afecta para mal,
los segundos se transformarán en horas.

Es ley de vida implícita
que todos conocemos
por experiencia propia.

Cuando vivimos un instante
controlamos el tiempo:
permanecemos inmóviles,
espectadores de nuestro alrededor,
disfrutando de las causalidades
que nos condujeron a ese momento.

En la constancia de la vida
necesitamos instantes
para entender,
para comprender,
para disfrutar,
para llorar,
para descubrirnos.

Nuestra propia naturaleza egoísta desearía
que los instantes de felicidad
fueran eternos,
fueran contínuos,
mas nos encontraríamos ante un error
puesto que se convertirían en monotonía
y eso nos impediría disfrutarlos.

Es así,
es necesaria su brevedad
para existir.

Hay que saber disfrutar
tanto la felicidad como de la tristeza
para darnos cuenta
que estamos vivos.

-Inmóvil-

El trajín del mundo no se detiene,
la vida de la gente tampoco,
ni su cotidianeidad ni su existencia.

Todo está en constante cambio,
en constante movimiento;
nada permanece infinitamente,
todo se destruye,
es así.

El agua fluye,
el viento mece las ramas de los árboles
que crecen intentando tocar el cielo,
los pies de la gente avanzan,
las manecillas del reloj
continúan un recorrido circular infinito.

Incluso en la noche más cerrada,
en la quietud más silenciosa,
el movimiento se perpetra
de alguna manera,
tarde o temprano.

Es en ese movimiento del mundo,
del universo en sí,
cuando soy yo el que se detiene,
el que parece detenerse
mientras todo sigue su curso con normalidad.

Me encanta y no lo niego,
dicho momento es un gran orgasmo de felicidad,
me siento vivo,
me lleno de vitalidad
y una sensación indescriptible
recorre mi cuerpo de los pies a la cabeza:
justo en ese momento
me siento vivo.

Lo disfruto como un niño,
siento una tranquilidad enorme,
una sensación apacible,
algo indescriptible
que deseo fuertemente que todos puedan sentir.

Momento de plantearse,
de replantearse,
todo;
momento de dejarse fluir
en el aparente estado de quietud
para liberar la mente
y quedarse expectante.

Los considero necesarios
para llegarnos a conocer,
para querernos más,
para disfrutar del instante;
sí lo son.

-Cambio-

Tan necesario es como el oxígeno:
imperceptible a veces
pero necesario para vivir.

Todo es cambio,
todo cambia,
nada permanece
en un tiempo y un espacio
creado por nosotros.

La roca se convierte en polvo,
la flor se marchita,
el muro se derrumba,
el hielo se derrite,
y yo sigo aquí igual,
o no exactamente.

Hay que echar la vista atrás para observarlo,
ya que es imposible si no,
es un cambio lento y muy complicado,
determinante.

Las ideas,
al igual que la energía,
se transforman y cambian.

Las personas cambiamos de mentalidad,
a veces para bien
y a veces para mal.

¿Quién determina
la naturaleza del cambio?
¿El futuro quizás?
¿O es la comparación con el pasado?

Algo tiene que haber,
estoy seguro
aunque desconcertado.

Me analizo y no soy el mismo,
quizás sí,
pero en muchos aspectos no;
no tengo certezas de si he ido a mejor
o por el contrario,
a peor.

Solo sé
que he cambiado,
que no soy el mismo.

Eso lo agradezco
porque significa un cambio
motivado por un mundo vivo,
por causalidades que me indican que sí,
que sigo evolucionando.

-Escuchar-

Pienso
que es necesario escuchar
pero no nos lo enseñan;
nadie lo hace realmente
y por eso, temo.

Es fundamental
dedicar nuestro tiempo para vivir,
realmente tenemos que hacerlo.

Escuchar implica tiempo,
dedicación,
integrarse e implicarse de una forma u otra.

No todo son las personas y la música,
podemos escucharo todo;
hay que saber hacerlo,
hay que dedicarle tiempo.

Escuchar
las olas romper en la orilla,
el canto de los pájaros,
el viento crear melodías,
el trasiego de la ciudad:
escuchar la vida.

Sin duda alguna
el mejor ejercicio es sencillo,
carente de preparación:
cierra los ojos y escucha,
no hagas nada,
siente la vida y su sonido,
dedica tiempo a hacerlo y disfruta.

Todos podemos hacerlo,
el resto del tiempo permanecemos sordos.

¿Realmente escuchamos en nuestro día a día?

Hay que escuchar la vida,
los momentos,
las fotos,
el silencio,
a nosotros mismos
y a los demás.

Todo influye y desde luego
el tiempo que invertimos en escuchar, también:
influye en nosotros
y nos hace ser conscientes,
conscientes de todo.

-Veo-

Tengo dos ojos que de nada me sirven,
pues lo que ansío a ver
es imperceptible para la vista,
para nuestra simple vista.

Quiero ver más allá;
no lo material, eso no,
quiero echar la vista fuera de aquí,
de este mundo perceptible por los sentidos.

Desvincularme del aquí,
del esto,
de lo palpable,
de lo visible;
quiero sentir,
quiero sentirlo.

Ojos que no ven, corazón que no siente,
a pesar de que no es del todo así,
pues no veo pero lo siento.

Yo quiero ver lo imperceptible,
percibiro de verdad.

No hay sensación igual,
sentimiento similar.

Quiero poder verme a mí mismo:
feliz, sin miedo, libre;
en mi lugar.

Mas no hay ojos
que sean capaces de visualizarlo.

No llego a ver ese entonces.

Veo
que no me voy a ver así.

-Silencio-

El silencio es mi mejor amigo,
pues siempre está ahí:
en los momentos clave,
en los que lo necesito.

Siempre presente
aunque a veces
es silenciado por el ruido externo
y no se escucha.

Pero siempre permanece:
en mis largas noches,
en mis reflexiones,
en mi cabeza,
en mi día a día.

Es necesario
ya que no podría vivir sin él.

El silencio es maestro sabio
que todo lo sabe
y nos induce a pensar,
a escuchar su melodía
y a dejarnos llevar.

La gente le teme
porque se temen a sí mismos,
a sus pensamientos,
ya que cuando hay silencio
nos escuchamos a nosotros mismos
y eso nos aterra e infunde pavor.

Por tanto, es fundamental y necesario
escuchar el silencio,
fluir con él,
respetar su dulce armonía
y no temer,
pues es hermoso en realidad.

Vivimos asustados
ya que nos aterran nuestros pensamientos
y no los disfrutamos,
cuando los verdaderos culpables de todo esto
no es nadie más que nosotros mismos:
nuestra mente y nuestros pensamientos.

-Odio-

¿A qué nos lleva?
¿Qué nos provoca?
¿Por qué lo sentimos?
¿Acaso sirve de algo?

No creo que lleve a nada,
nunca lo ha hecho conmigo,
jamás.

Sin él viviríamos mejor,
incluso con nosotros mismos
en nuestro interior,
porque es así:
nos odiamos.

Nos queremos y nos odiamos,
al igual que con terceros:
los queremos y los odiamos.

Me pregunto
a qué nos lleva este sentimiento,
¿Por qué odio si no quiero odiar?
Eso lo odio, no lo soporto.

No quiero ser esclavo de mi odio,
irracional o inducido,
me da igual, no quiero.

Aunque tengo que decir
que a veces es maestro,
necesario para aprender a controlarnos,
a reconocerlo y paliarlo,
a acabar con él.

Sí se puede aunque es difícil,
pero la recompensa es mayor,
prometido.

-Incertidumbre-

Me siento atrapado,
solo,
tengo miedo y a la vez no,
no sé nada.

Pasa el tiempo:
los días,
las semanas,
los meses.

Intento no pensar para no agobiarme
pero me agobio y pienso,
agobiándome y dejando de pensar,
por lo que vuelvo a agobiarme

Es un círculo vicioso
del que no puedo escapar.

Salgo para distraerme
y lo consigo,
pero solo temporalmente.

Me da miedo
quedarme solo con mis pensamientos
porque me pongo a pensar
y me agobio.

No quiero
agobiarme más.

-Alma-

Me lo habré preguntado mil veces
pero sigo sin saberlo,
sin poder siquiera
acercarme a la respuesta
ni intuir nada de la pregunta
<<¿qué es el alma?>>

Aún sin saberlo quiero sentirla
no la mía si es que tengo,
sino la tuya;
crear una nueva,
fusionarlas.

No sé si será posible,
desconozco si se puede hacer
pero tengo claro que lo quiero:
quiero poder sentir tu alma,
sea lo que sea
y como sea
uniéndose con la mía en un abrazo eterno.

No pido más,
sería feliz,
estaría reconfortado eternamente,
quiero sentirte.

Muéstrame tu esencia,
muéstrame tu alma,
que no quiero verte sino sentirte.

Es nuestra esencia,
nosotros mismos encerrados
en una cárcel carnal
con fecha de caducidad.

Quiero sentir tu esencia,
a ti;
quiero tocar tu alma
con mis dedos al desnudo
y saber quién eres en realidad.

Muéstrame tu verdadera esencia,
tu yo más interior,
tu yo más profundo,
y estaré más cerca de ti
de lo que nunca he estado.

-Vencejos-

Salgo a la calle
y escucho los vencejos en lo alto,
sobrevolando mi cabeza
en arriesgadas acrobacias
dejando una estela invisible
que borda el cielo.

Cambia de estación,
lo noto, lo percibo
sin necesidad de calendario alguno.

Su canto me eleva
y vuelo con ellos,
embriagado de su melodía,
de sus sinfonías de notas
que ningún instrumento
podría imitar con éxito.

Lo disfruto como lluvia de abril
pues anuncian el buen tiempo,
el calor del verano,
los largos días a la sombra
esperando la cálida noche:
anuncian el estío.

La primavera es premonizada
sabiendo que le sigue el verano
y enseguida llegará,
en un parpadeo,
en un instante.

Disfruto,
tarareo su melodía,
canto su canción,
interpreto su música
y eso me llena.

No hay mayor placer que el mencionado,
que el sonido de los vencejos,
que el anuncio del buen tiempo,
que su armonía nota tras nota,
piído tras piído.

Toca disfrutar la escucha de los pájaros,
anunciadores de la buena nueva
que supone el buen tiempo
entre primavera y verano.

No queda otra que apreciarlo,
que disfrutar de todo,
que tararear su sinfonía
y sentirla en el pecho,
vivirla.

-Abismo-

No sé cuántas veces
habré estado al borde del abismo.

Muchas,
quizás demasiadas.

Ha sido algo contínuo
en muchas ocasiones,
en mi vida plena,
siempre.

Jugar en ese impasse,
en ese punto del riesgo;
ahora me doy cuenta
de las consecuencias que estoy sufriendo.

Siempre con un pie fuera,
rozando las inmediaciones
de ese terreno desconocido,
de lo que hay detrás,
de ese abismo tan profundo
que me aguarda la vida.

Porque sí,
todos hemos estado así,
en ese contínuo equilibrio
en el que es palpable
un abismo profundo y desconocido.

Mas la vida no me ha dejado caer,
lo he apostado todo y ella ha confiado,
lo aposté todo a mí mismo
cuando nadie lo hizo
y por eso estoy aquí, vivo.

El abismo
es necesario para darnos cuenta
de quién nos llora
en nuestro futuro luto,
de quién nos ama de verdad,
de quién está ahí.

Necesitamos estar
con un pie dentro y otro fuera
para encontrar la firmeza en la vida,
para encontrar nuestro equilibrio.

-Embriagado-

Embriagado estoy
y no me arrepiento,
pues me suelto mucho más
que en plenas facultades de sobriedad.

Suelo estar sobrio
pero a veces estorba
y necesito no estarlo:
embriagarme,
beber alcohol,
liberarme.

El alcohol es malo
o eso dicen,
aunque a mí me hace más bien que mal
cuando me desata y me hace
ver lo que es necesario.

Altera mi realidad según me hacen creer,
aunque a decir verdad lo necesito
para soportar este duro mundo:
esta dura realidad.

Necesito un trago
para aguantar este mundo,
a su gente y su funcionamiento.

Odio esta situación.

El estado alterado me afecta
y me hace sentir volar sin hacerlo,
lo necesito para llegar a ver
cosas imperceptibles al ojo sobrio.

Me desata y me ata,
me consume,
me hace mal
pero como cualquier vicio,
soy adicto.

Me embriago de alcohol
pero también de vida,
de momentos inesperados,
de sorpresas.

Quiero emborracharme sin alcohol
y no puedo;
disfrutar sin embriaguez,
vivir borracho sin estarlo
y hacer mi vida algo más apacible.

-Azar-

Acuerdo
o en desacuerdo conmigo mismo,
ya no sé qué pensar.

¿Existe el azar
o es pura causalidad inmiscuida
en nuestro entendimiento y razonamiento
como mera casualidad?

¿Es todo libre albedrío?
¿O eso es lo más fácil
de asimilar y de entender?

Resulta extraño plantearse esto
cuando no tengo más pruebas
que mi propia experiencia,
quizás fruto modelado
por mi propia percepción.

¿Dónde está el azar y la mera casualidad?
¿Es el destino?

A veces sí
y a veces no.

No me hallo ni yo mismo,
no puedo dar explicación
que valide cualquier posición
en esta disputa eterna.

Creo en la casualidad del azar,
en su misteriosa forma.

-Ahora-

Más importante que el aquí
es el ahora,
es el momento,
es el instante.

Inmortaliza el segundo,
la vivencia,
la vida,
el mundo,
tu mundo.

Ahora es
cuando todo vale,
cuando caes,
cuando te levantas,
cuando rompes a llorar,
cuando ríes,
ahora es el momento.

Es el recuerdo del futuro
y de las vivencias pasadas.

Ahora,
es ahora.

-Abrázame-

Por favor, abrázame;
quiero sentirlo ahora,
lo necesito más incluso
que el aire para respirar.

Envuélveme entre tus brazos
y apriétame contra tu pecho
para sentir tus latidos
y recordarlos infinitamente
como una sinfonía en mi recuerdo.

No me sueltes,
pues quiero recrearme
sabiendo que no será eterno
y alguna será la última vez.

Necesito recordar esa sensación
tan cálida y necesaria,
quiero volver a sentirla
hasta que no pueda más,
hasta que acabe.

Porque un día lo hará
y no estaré preparado.

-Simple-

La vida es simple;
la muerte lo es aún más.

Dentro de la amplia complejidad
que nos muestra la vida,
día a día,
reside la sencillez del mundo.

Y es que aquello fundamental
es lo más sencillo:
la felicidad,
la tristeza,
el amor,
el odio,
el enfado
y un largo etcétera.

Nosotros complicamos las cosas,
verdugos de la simpleza
que nos perjudicamos a nosotros mismos
amargándonos la necedad de la existencia
e impidiéndola ser.

¿Acaso no es más fácil
decir un *te quiero* y amar?

¿No es más simple llorar que aguantar?

¿Tan difícil es disfrutar del momento?

Preguntas simples con respuestas complejas
que no acertamos responder,
haciéndolo difícil y haciéndonos mal.

-Muerte-

Aunque siga con vida,
una parte de mí murió aquel día;
lo recuerdo por el frío
que recorrió cada uno de mis huesos
y el vacío que sentí llenándome mi interior.

La lluvia acompañaba
y la noche también,
pues todo estaba dispuesto
para que sucediese lo inevitable,
yo también.

No fue una muerte física pero sí emocional,
más dura incluso,
porque vives con ella el resto de tus días
y es imposible aún pretendiendo
de olvidar por completo.

Fue rápido,
en un instante,
tenía que pasar y pasó,
como un disparo en el pecho:
limpio,
indoloro por un momento
hasta que fui consciente de todo.

En lugar de sangre,
lagrimas brotaron de mis ojos
y un dolor desgarrador se apoderó de mí
hasta dejar paso a una sensación de frío
que me indicaba que había muerto
sin perecer allí.

Todo fue rápido,
en escasos minutos,
tiempo que se me hizo eterno
mientras pasé por todo aquello.

Pero tal y como vino se fue,
al igual que la muerte,
fue un instante y de repente calma:
silencio,
tranquilidad,
penumbra y paz,
todo había pasado.

Continuaba vivo
pero muerto a la vez,
era así y debía continuar con mi vida
aunque una parte de mí no pudo
puesto que falleció allí:
en aquel lugar,
en aquel momento.

-Felicidad-

Tan ansiada es
pero tan difícil de alcanzar también.

Reside en momentos,
en cada uno de ellos,
nos damos cuenta
porque estamos ciegos
y no vemos
o no queremos ver.

Buscamos alternativas y externalizaciones,
cualquier cosa fuera de nosotros
porque no sabemos buscar,
no sabemos verla de verdad
y estamos tan obcecados
que nos impide alcanzarla.

Nuestro enfoque,
nuestro punto de vista
y nuestra actitud
son factores para llegar a ella,
para alcanzarla
sin depender de nadie
ni de nada.

Aún nos queda mucho camino
y pretendemos atajarlo
cuando la felicidad reside en él;
no es complicado
pero tenemos miedo
de buscar y no encontrar.

Una conversación,
una situación cotidiana,
una canción,
un rayo de Sol que entra por la ventana,
el silencio,
el ruido ajetreado de la calle.

Detenerse a apreciar cualquier momento
es felicidad;
darnos cuenta de que estamos vivos
y tenemos mucho que explorar,
que experimentar,
que sentir.

Debemos darnos cuenta
de que somos responsables directos
de nuestra propia felicidad.

-Soledad-

Le rechazan;
la temen;
le tienen miedo;
es una incomprendida.

No la entienden,
la tratan de extraña y de mala
cuando realmente es maestra.

No hay que temerla ni alejarse,
todo lo contrario:
hay que aprender a vivir con ella,
a sumergirse en su profundo mar,
pues no será hasta que estemos
solos y rodeados de soledad
que nos entenderemos un poco más.

En algún momento todos pasamos por ahí;
algunos están de paso,
otros desisten
y hay quien aprende de ella,
mas no hay que alejarse sino apreciarla
y, con todo,
disfrutarla en su medida.

Nunca llegamos a conocernos
en nuestra complejidad
pero sí nos acercamos cada vez más
y es a través de la soledad cuando más lo hacemos,
aunque hay quien no quiere
por temor a conocerse a sí mismo.

Aún así no podemos permanecer en soledad
más que el tiempo necesario,
porque como en todo,
el exceso es malo y puede perjudicarnos.

Debemos tener control
y saber estar en soledad,
saber estar con nosotros
y sin nadie más.

Debemos charlar sin mentir,
pues nos conocemos aún sin hacerlo del todo;
disfrutarlo y saber agradecer
a esta mentora llamada Soledad.

-Sombras-

Compañeras de la soledad,
instrumentos de la tristeza
y apoyos del silencio.

En esta vida son indispensables
ya que si no,
no apreciaríamos los contrastes
que vivimos sin darnos cuenta.

Condición necesaria de la luz son las sombras,
fundamentales para el claroscuro y para el contraste;
inexcusables para apreciar la vida y su luz.

Habré ocultado mil veces mis lágrimas en ellas
y mil veces más lo haré sin temor alguno,
pues no son relatoras de lo que ven.

Las necesitamos para existir,
para ver los colores y apreciarlos.

Incluso cuando ya no estemos en este plano terrenal
existirá una sombra nuestra
que indique nuestro paso por la vida
y muestre un boceto a carboncillo
de lo que un día fuimos.

-Tiempo-

Parece no existir pero lo hace,
o no,
¿quién sabe?

Simplemente tengo mi percepción
pero no confío del todo,
pues es alterable indiscutiblemente.

El tiempo se detiene
cuando me siento y observo,
deteniéndome con él
en un mundo que parece no hacerlo,
en un mundo vivo que sigue su curso.

Observo absorto en el más mínimo detalle,
apreciando el movimiento,
la quietud,
las sombras,
los rayos de sol,
las escenas cotidianas:
la vida.

Inmortalizo el momento en mi retina,
pues es vida, es hermoso,
es un instante mágico que desearía fuese eterno
al igual que la sensación que me invade
en ese estado enajenado por completo.

-Puede-

Puede que sí o puede que no,
un quizás indeterminado
sin ninguna respuesta clara que me indique algo,
por lo que no es nada y sigo igual,
en el mismo punto.

No me aclaro ni sé la respuesta
pero la quiero, la necesito,
que sea directa sin importar cuál sea
pero que sea,
que exista en mi consciencia,
quiero saberla.

La incertidumbre
es la misma o incluso peor
que antes del "puede"
ya que ahora contemplo otra posible opción
y eso será peor ya que me decantaré
por una u otra rama de elección.

Y cuando me de el batacazo,
si me lo doy,
caeré más alto al haber concebido la otra opción,
que no existía antes en mi cabeza.

No hay certeza en esto,
es algo que sucede
o no.

-Sueño-

Si la vida es sueño
no sé si quiero despertar,
me acostumbré a ella
aún pasando por lo que he pasado,
aún viviendo lo que he vivido,
aún sufriendo lo que he sufrido
y aún riendo lo que he reído.

Puede que sea sueño
mas no hay forma de saberlo,
al menos para mí:
desdichado personaje
que no se explica su existencia,
que se atormenta y sufre
aún disfrutando también.

Si toda esa felicidad
es fruto de la acción de Morfeo,
no quisiera despertar nunca
para no hacer desaparecer esta vida
y todo lo que implica:
su gente,
sus historias,
sus pros y sus contras,
la complejidad de una vida efímera
aún tan solo en la simpleza de un sueño.

Ahora no quiero despertar
ya que quiero seguir viviendo
o pernoctando
en este sueño hecho realidad,
en este sueño que es mi vida.

SEGUNDA PARTE

-Nadar en incertidumbre-

La luna está de testigo
entre otros tantos sujetos:
no juzga,
simplemente mira,
callada,
sin interrumpir nada.

Me observa,
me ilumina,
me reclama
y conjuga mis sueños con la realidad,
convirtiéndome en mero espectador de mis ilusiones,
de mis espejismos de realidad.

Sueño con una noche en paz,
sin nadie,
yo mismo y solo,
no quiero a nadie.

Retengo mis pensamientos
para que me hagan pensar,
para que me hagan sentir,
para que me hagan ser yo
en mi propia expresión:
para que me hagan vivir.

Si el sueño es realidad no quiero hacer
más que surcar el mar de la incertidumbre,
más que nadar en plena incomprensión
de este mundo al que llamamos existencia.

-Te recuerdo-

En la leve embriaguez que me acontece
permanezco aquí asomado,
observando la noche.

Me abstraigo de los estímulos externos
para concentrarme en escribir,
para poder fluir sin tapujos,
sin restricciones.

Pienso y reconozco
que me es imposible no recordarte
en un mundo creado
a partir de mis pensamientos.

No soy marinero
pero quiero surcar tus sueños,
vírgenes y únicos
cuales perlas nacaradas.

Sería encarcelado si fuera ilegal pensarte,
el recordarte a mi lado
a pesar de que no dispongo de demasiados recuerdos,
peso en oro los que conservo y no cambio por nada,
melancolía lo llaman.

Te recuerdo
para lo bueno y para lo malo,
inevitablemente.

No lo controlo,
es tu recuerdo el que me apresa
y te muestra ante mí
tal y como te recuerdo.

Un sentimiento incontrolable
que surge de vez en cuando
y es imposible el no pensarte.

Sin más,
lo es.

-Metáfora de la vida-

Testigo es la luna de mi velada,
de mi pensamiento,
de mi estar.

No recurro a la farola para ocultarme,
no soporto cualquier mentira
para ocultar lo que estoy sintiendo.

Si la existencia es sueño,
quiero surcar los tuyos
cual marinero perdido en la mar.

Quiero perderme,
encontrarme tal vez
en una metáfora de la vida,
en una réplica soñolienta
de lo que es la existencia.

Sin conocimiento me hallo ahora mismo,
sin razón,
sin conciencia alguna
que guíe mis palabras y mi vocabulario.

Nada que exigir
y nada que relatar,
absolutamente nada.

Solo la luna es testigo
y solo la luna lo será.

-Huelva-

Entre cabezos nací
y entre cabezos moriré:
el patrimonio de Huelva
es esencial para mi existencia.

No busco nada más
que mi presencia en la ciudad,
en mi tierra,
entre mi relieve,
el que me vio crecer
y convertirme en quien soy.

Huelva es cabezos,
Huelva es Doñana,
Huelva es playa,
Huelva es sierra.

No hay mejor adjetivo,
para mi persona,
que el de ser onubense,
pues Huelva es tierra de cultura
y talento rebosa por sus calles.

Desde luego no existe mejor testigo
que una luna llena,
que vigila todos mis pasos
una tierra que me acuna.

-No prometo-

No quiero prometer,
pues las promesas son de quien las cumple
y no quiero hablar,
pues las mentiras nacen por la boca.

Tan solo puedo decirte una vez más,
que lo intento pero no puedo,
no quiero,
dejar de recordarte.

-Adiós al día-

Como todos los días,
me asomo a la ventana para despedir al Sol
que se desvanece solo para mí,
ocultándose tras el horizonte,
allí a lo lejos.

A su apresurado paso
las nubes parecen no inmutarse
mientras se tiñen de colores indescriptibles,
tonalidades pintadas por el mismo sol.

El escenario está listo para que la noche cubra
con su manto de lunares el cielo,
precediendo el camino a la luna,
reina y señora de la oscuridad.

-Caminando en la noche-

En plena noche
y caído el manto de la madrugada,
deambulo pensativo
por las largas y vacías calles
de una ciudad dormida.

Doy pasos inciertos
en un mundo de certezas supuestas,
planteándome cuestiones ya cuestionadas
y pensando en la nada más impensable:
ahí estoy yo, ese soy yo.

Me siento un sonámbulo despierto
que disfruta del recorrido
arropado por la noche
y acompañado de mis fieles pensamientos.

-Hambre de conocimiento-

Tengo hambre
y por mucho que como
no me sacio,
no me lleno.

Quizás porque no es alimento
lo que mi cuerpo necesita,
sino la expresión más pura
de conocimientos.

Requiero de cultura:
de arte,
de música,
de teatro,
de lírica
y de una larga lista de etcéteras
que aumenta en número cada día,
a cada rato.

No es el estómago lo que quiero saciar
sino mi curiosidad,
la necesidad de saber,
de nutrir mi alma con él.

El estómago se llena con pan,
el alma es insaciable de conocimientos,
de cultura y sustento
que le permita seguir creciendo y enriqueciéndose.

Pues no hay cualidad más admirable
que la inteligencia en una persona,
que rebose saber,
que tenga trasfondo
tras el reflejo que proyecta los demás:
que sea culta.

-Ay, lucerito-

Otra noche más
que estás ahí,
estando.

Destacando en la soledad
de un mar teñido de negro progresivo
hasta que no hay más que oscuridad,
salpicada por las luces inconscientes
de farolas que no brillan por sí mismas
como tú.

¡Ay lucero, lucerito!
Que me observas desde mi ventana
con tanta paz y soledad al mismo tiempo,
con tanta dicha y desdicha,
no te vayas a ir y me dejes aquí,
abandonado a mi suerte.

Prométeme una cosa,
aunque tan solo sea una:
que no te irás,
que te quedarás.

No hace falta que digas nada,
ni siquiera que me mires,
pero concédeme el deseo
de poder dirigir mi vista a ti
cuando más lo necesite
en las noches que me quedan.

-El cambio-

Cada vez estoy más perdido
y ni siquiera me muevo del sitio,
sigo aquí, donde siempre,
esperando un nosequé
que no sucederá.

Desgraciado de mí
que espera el cambio
sin querer cambiar.

Desgraciado de mí
que busca la chispa que desate el fuego
sin ni siquiera prender el mechero.

El cambio no cambia si no cambio yo,
soy el motivo de mi ansiado cambio
y no cambio por no cambiar nada
y esperar que cambien solas las cosas.

Así el cambio no sucederá.

-No llores-

No llores querida mía,
pues tus lágrimas no son
por el inesperado final,
sino por el desenlace que nunca fue.

Ansias aquello que nunca pasó,
por culpa de un deseo incontrolable
que como a otros tantos,
te hizo vivir engañada.

Cesa tus lágrimas y sonríe,
pues realmente disfrutaste
y encontraste un motivo para seguir
aún a sabiendas de su efímera naturaleza,
conociendo que algún día acabaría.

Todo acaba,
nada es eterno;
todo es efímero,
finito.

Y aún así escogemos llorar
en lugar de reír por el tiempo aprovechado
y los momentos disfrutados.

-Reflejos de mí-

No sé si quiero espejos
que muestren reflejos de quien soy,
reflejos incompletos de mí,
sin realmente ser yo.

¿Para qué quiero ver mi reflejo
si no me puedo ver?

Miro y no me veo,
observo el reflejo pero no sé quién es,
parezco yo pero no lo soy.

Solo veo una imagen
que copia mis movimientos,
sin alma,
sin luz propia,
sin sueños
y sin deseos.

No me reconozco,
pues ese no soy yo:
tan vacío,
tan inerte.

¿De qué me sirve mirar
si no es para verme?

-Si no siento-

No puedo escribir nada
si no lo siento,
si no lo vivo,
si no me sale.

Mi inspiración no puedo forzar
pues a menos que tenga algo que aportar,
no funciono,
me quedo en blanco.

Simplemente
me es imposible.

-Conmigo-

Me encierro en mí mismo,
mudo para fuera
y conversador por dentro.

Hablo conmigo mismo
a pesar de que ni yo me comprendo,
hago un leve intento y a pesar de todo,
no callo.

Al menos me tengo a mí mismo
para contarme lo que me pasa
y sé que para bien o para mal
no me queda más remedio que escuchar,
aunque no comprenda,
aunque no me entienda.

-Delirios-

Hay ocasiones,
cuando el yugo del ego me pesa,
en las que me creo escritor
sin ser más que un pobre ingenuo
que confunde el redactar frases
con el arte de escribir.

Escritor no es quien sabe escribir,
sino quien realmente escribe,
quien lo vive y lo expresa,
quien consigue hablar escribiendo.

Escritor es quien crea,
quien dibuja a la perfección
la belleza de un paisaje sin lienzo y sin pintura,
con tan solo un bolígrafo y un papel,
sin dibujos,
solamente con palabras.

Yo,
sumido en la más absoluta ignorancia
y cegado por un repentino narcisismo,
confundo torpemente lo que hago
en delirios de grandeza,
comparándome con los grandes escritores
sin llegar a ser su sombra siquiera.

Pero para suerte, la mía,
pues a pesar de estar en el más absoluto delirio,
en mi desmesurada imaginación,
me coloco a la altura
de la literatura cumbre de este país
en el máximo esplendor de las letras
y los más grandes poetas.

Ahí es cuando agradezco
el ser tan soñador
para ser feliz por un momento
antes de decaer en la realidad.

-Bendito es el sueño-

Bendito es el sueño
pues me permite encontrarme contigo,
que me permite imaginarte.

Alegría instantánea y felicidad,
aunque de escasa duración y tiempo,
reflejo de mi deseo
y tu contínua presencia en mi pensamiento.

Nada más lejos de una realidad distante,
ficticia frente a tu soñolienta imagen
y deseare fuera así
para poder verte de nuevo en mis sueños.

Bendito es el amor,
motor de mi ser,
y bendito es el sueño
que me permite volverte a ver.

-Nos miramos-

Te miro,
me miras,
nos miramos.

Cruzamos nuestras miradas,
inocentes, curiosas,
en un mar de silencio,
en una sopesada incertidumbre.

Se repite la situación
y de nuevo,
con la fugacidad de un rayo,
nos miramos.

A veces soy yo
y otras tantas eres tú,
quizás sin interés alguno,
o puede que con algo de él,
cosa que imagino
nunca podré saber.

Levanto la vista buscando la tuya,
intentando recordar
por la brevedad dada,
el fulgente color de tus ojos,
la profundidad de tu mirada,
el color de tu alma.

Me apena pensar en tu marcha
ya que ello conlleva no verte más
y por desgracia para mi persona
no volveremos a cruzar miradas,
jamás.

-Espectador de la vida-

Sentado en la quietud
me convierto en espectador,
en observador
de una calle que rebosa vida.

De una cantidad ingente de gente
que camina,
que se detiene,
que habla,
que mira
y que está.

Desde mi punto de observación
contemplo la esencia de la vida,
la cotidianeidad del ser humano,
el día a día de individuos
que actúan con la naturalidad
de quién no sabe que es observado.

Agudizo mi visión
para disfrutar de todo:
de la simpleza que desprende la vida,
de la vida que desprende la gente.

Observo
una nieta paseando
con sus abuelos.

Observo
una pareja
que se coge de la mano
y se abraza.

Observo
un hombre trajeado
caminando
con su prisa característica.

Observo
el serpenteante recorrido
que hace un chico
con su bicicleta.

Observo
a la anciana
que me mira a lo lejos
sin saber que es inmortalizada
con mis palabras.

Observo
un hombre
que sube apresurado
las escaleras de la biblioteca.

-La clave-

Me he dado cuenta,
a base de adversidades,
que la clave para ser feliz
simplemente es desconectar.

Desconectar del mundo,
de nuestro mundo,
de aquello que nos hace mal,
del entorno,
de nuestros propios pensamientos,
de nosotros mismos.

Necesitamos aislarnos para evitar pensar
y enmarañarnos en malos pensamientos,
para aclararnos
o al menos no agobiarnos más.

Sentimos demasiadas cosas
que no sabemos expresar,
que desembocan en estrés
y nos nubla el pensamiento.

Precisamos evitar que nuestra mente piense,
estar en un lugar cuanto más tranquilo mejor,
donde el silencio nos hable al oído
y ensordezca todos los males
para encontrar por fin
la ansiada calma que buscamos.

-Vida es vida-

Y entonces fue en ese momento
cuando comprendí,
cuando me cercioré,
de algo que ya sabía:
la vida es vida.

No hay mejor definición
pues la vida es vida
y el que sea mejor o peor ya es externo,
pues la vida es la que es.

Si quieres algo,
ve a por ello e inténtalo.

Si te atrae alguien,
díselo abiertamente con naturalidad.

Si quieres llorar,
hazlo, llora y desahógate.

Si quieres cambiar,
cambia tú sin esperar que cambie el resto.

La vida se percibe como buena
cuando por fin apreciamos su simpleza,
pero todo se torna cuando nosotros mismos
la hacemos complicada.

-Miento-

Miento,
no digo la verdad,
pero no sé muy bien a quién.

No sé si miento a los demás
o realmente me miento a mí mismo.

Digo lo que no es,
lo que quiero escuchar,
lo que quiero creerme.

Y lo peor
es que no sé
si a veces me lo creo.

-Esclavos de las palabras-

Vivimos encarcelados,
en nosotros mismos,
en nuestras mentiras.

Somos esclavos de las palabras,
de todo aquello que soltamos por la boca,
a veces meditado y otras tantas
de forma espontánea.

Mentimos,
todo el tiempo y a todos,
de una forma u otra.

Ocultándonos ante los demás,
evitando mostrarnos
tal y cómo somos en realidad.

Pasamos toda la vida
sin mostrarnos desnudos
ante un mundo que nos juzga,
sin ser nosotros en plenitud
por miedo al qué dirán.

Escondidos tras la mentira,
ocultamos nuestro ser
ante otros escondidos de sí mismos.

-El tiempo no existe-

El tiempo existe
pero solo para nosotros,
tan solo para nuestra egoísta existencia,
solo para nuestra propia concepción del mundo.

En la naturaleza no encontramos tiempo,
apreciamos ciclos,
periodos,
fases de cambio,
pero no el tiempo como tal.

Realmente ha sido nuestro egoísmo
el autor de semejante invención,
de un concepto ilusorio
e inexistente como tal
si lo alejamos del ser humano
y su pedante obsesión
de remodelar el entorno a su escala,
de alterarlo todo.

El tiempo no es más
que la medida de nuestros recuerdos,
de aquello que hemos vivido
y del futuro que anhelaremos como un pasado.

Lejos de nosotros
el tiempo no existe y no tiene cabida
más que nuestra propia percepción,
absurda y de careciente sentido
sin vinculación con nosotros.

-Sabiduría-

Me he dado cuenta,
tardíamente hoy,
de que la sabiduría
no es sino la experiencia acumulada.

La vida de un individuo,
su vida.

Todo:
sus recuerdos interiorizados
y aprendidos en el breve recorrido
de la existencia humana.

No por haber vivido más
una persona es sabia
pero al igual que el vino,
la mejor sabiduría es aquella
que reposada por el tiempo ha madurado
en la longevidad de toda una vida.

El conocimiento dista de la sabiduría,
no es lo mismo,
pues la sabiduría es nutrida
por el mismo conocimiento.

Y es a base de conocimientos
cuando adquirimos la ansiada sabiduría;
entrando en un bucle infinito
en el que nunca es suficiente
el conocimiento adquirido
para satisfacer nuestro saber.

-Me gusta la noche-

Me gusta la noche.

Me gusta su soledad
y la melancolía que se respira,
el ambiente único tan distante
al opuesto día.

Adoro pasear cuando cae el sol,
cuando la luna me arropa
con su estrellado manto oscuro,
con su particular color noche.

Disfruto mi propia compañía
al entablar una continua conversación
conmigo mismo:
con mi pensamiento,
con mi esencia,
con lo que soy
y con lo que oculto.

Gozo el silencio,
ese tan particular que aguardan las sombras,
esos colores teñidos de oscuro
y esas luces que brillan incansablemente
como si no lo fueran a hacer más.

Me siento libre,
mucho más que durante las horas de luz,
la oscuridad me hace bien
y la requiero para ser yo,
para completarme.

Por ello ansío retrasar mi sueño
para poder estar despierto
y no verme condenado
a tener que pasar otro día
hasta que, como siempre,
la noche me arrope
y me consienta disfrutarla.

-Lluvia-

Me es imposible negar
que me gusta la lluvia,
aunque no en sí,
sino cuando decide marcharse
después de bombardearlo todo
con millones de resplandecientes cristales de agua.

Pasear en ese ambiente me relaja:
esa calma después de la lluvia,
ese olor particular,
ese sonido a mojado,
esa melancolía que se respira,
esa tranquilidad tan característica.

Una sensación difícil de describir
recorre cada parte de mi cuerpo
y me llena a la vez
que me siento vacío inexplicablemente.

-Miedo a vivir-

Parece que nos da miedo vivir,
sentir en realidad,
pues no sentimos lo que mostramos
y no mostramos lo que sentimos.

Vivimos con miedo a vivir,
vivimos con miedo a sentir.

Nos aterra mostrar todo aquello que sentimos
y vivimos en nuestras carnes
para no sentirnos vulnerables
ante un mundo que no nos comprende.

-Poesía eres tú-

Poesía no es lo que recito,
poesía es lo que me nace,
poesía eres tú.

Poesía
es tu recuerdo.

Poesía
es tu alma.

Poesía
son tus ojos de profunda mirada
donde deseo perderme.

Poesía
es tu pelo
de largos cabellos color otoño.

Poesía
es tu sonrisa perlada,
que tanto ansío ver.

Tú,
tú eres poesía,
o al menos para mí,
desdichado poeta sin fortuna
que pretende recitarte versos
con un corazón cuyos latidos
tienen razón de ser
solamente en ti.

-Catorce de septiembre-

Hoy recuerdo
aquella última vez que te vi,
hace dos años,
justamente un día como hoy.

Fue un adiós
sin palabras,
sin miradas,
sin despedidas.

Tú ya lo sabías,
y yo,
ingenuo como siempre,
desconocía que
sería la última vez
que cruzábamos miradas.

Algo en mí ya lo sabía,
y yo no lo quería ver,
no quería afrontarlo,
siquiera pensarlo.

No te guardo rencor
pues en mi desconocimiento de lo que callabas
me hiciste verte con ojos de presa
que desconoce el final de su vida,
me hiciste verte con ojos de un enmorado
que desconoce el final de su amor.

-Veo atardecer-

Me siento tan afortunado
cuando veo un atardecer
que no sabría explicarlo.

Es algo mágico para mí:
me llena, me da paz,
me reconforta y,
por unos segundos,
el mundo parece detenerse a mi alrededor
y reina la calma.

En un instante siento el viento,
el sonido del trajín del mundo,
su quietud:
me siento a mí.

Cuando el sol se retira a lo lejos,
la noche comienza
a pintar de oscuro el cielo.

En el último resquicio del horizonte,
donde la luz aguarda pacientemente a la noche,
se difuminan hermosas tonalidades rosadas
en las apaciguadas nubes
que transitan sin prisa el cielo.

Un espectacular momento;
tan solo un instante que me mantiene absorto
y consigue hacerme olvidar todos mis problemas.

No sé expresar con palabras,
todo lo que me transmite
y todo lo que llego a sentir
en escasos segundos.

El regocijo es tal
que grabo la escena en mi memoria
para sentir lo que viví
cuando recuerde lo que sentí.

TERCERA PARTE

-Ida repentina-

Tan fugaz como viniste,
te fuiste;
pero quiero decirte por si me escucharas,
que en lo efímero de mi memoria
te recordaré por siempre.

Apareciste de repente ante mí
y con esa misma repentinidad
te acogí entre mis brazos,
sintiento el calor que me unió a ti.

Me has dado una felicidad inesperada
que iluminó mi día
pese a las sombras que arrastraba.

Has conseguido que vuelva a sentir
como hice hace tiempo dejé de hacerlo,
como hace tiempo añoraba en mis sueños.

Así que agradecido estoy con el destino
por haberme brindado la oportunidad
de vivir parte de mi existencia contigo.

Muchas gracias por todo
aún sin haber hecho nada,
por compartir tu tiempo conmigo,
por haberme hecho tan feliz.

-Somos tiempo-

Tiempo,
eso es lo que somos,
hemos sido y seremos.

No somos nada
más que el tiempo de nuestra existencia,
más que el tiempo que vivimos,
no que estamos vivos.

El amor es tiempo dedicado;
la muerte es tiempo de olvido;
la felicidad es tiempo invertido;
el olvido es la ausencia de éste.

La existenia del todo se basa en el mismo,
en el tiempo,
y previo a éste
no concebimos más que lo que denominamos muerte.

El tiempo solo existe en la nuestra,
vaporizada existencia,
pues antes de ésta no lo concebimos
y tras la venida de la parca, tampoco.

-Ahogado-

Vuelvo a estar ahogado en mis propias dudas
cuando reapareces en mi vida,
en mis pensamientos
y en una recóndida esquina de mi corazón.

Jamás tuve algo claro contigo
y ni siquiera me atreví a preguntártelo,
pues aún sin saber por qué
me encuentro en un constante limbo.

Te pienso y lo quiero todo
mas nunca doy el paso
ni me atrevo a soltar
este sentimiento de puro ardor en el pecho
que me causa el pensar en ti.

Por eso
y ante mi impotencia hacia ti,
te escribo poemas que jamás leerás
para vagamente paliar
el deseo que tengo
de tu mirada frente a la mía.

-Recuerdo de una mirada-

Pienso muy convencidamente
que a pesar del olvido
que supone el pasar del tiempo,
siempre estará vivo el recuerdo de una mirada:
de esa mirada en concreto.

Todos sabemos cuál es,
única para cada alma,
brillante como ninguna otra
frente a tantos ojos vacíos
a los que miramos obligadamente cada día.

Esa mirada,
ese recuerdo,
sguirá destelleando en el alma
a pesar de que ya no esté,
impasible ante el olvido
y más viva que nunca en el recuerdo.

Creo por experiencia
que es imposible de olvidar
pues el alma queda cautivada
y no hay empecinación más terca
que la de un corazón enamorado.

-Me evado-

Cuando me encuentro en mi sitio,
en el que debo permanecer a pesar de no querer,
recurro a evadirme
y así desconectar en cuerpo presente.

Miro por la ventana
y me pierdo en el verde de las hojas
apuntilladas con ciertos tonos amarillos
de las más altas ramas
de aquellos árboles que se asoman.

Surco nadando ese cielo claro,
azul sin nubes,
que me invita a escapar
y que tanta tranquilidad transmite.

Mi mente escapa de las cuatro paredes y una puerta
entre las que mi cuerpo permanece retenido,
hasta que finalmente
un soplo de realidad me hace volver a ésta,
en la que no deseo estar.

-Contratiempos-

¿Qué sería de la vida sin los contratiempos?
Nada,
pues perdería su esencia,
su espontaneidad impredecible.

Surgen cuando menos lo esperas
y en aquello que nunca pensaste,
planteando una nueva problemática
que desborará tus sentidos nuevamente.

Vida es vida,
con subidas y venidas,
con contratiempos y alegrías,
con los sustos que te da
y tu vida empiezas a replantear.

¡Alégrate,
que estamos vivos!

Ya tendremos paz eterna tras la muerte,
ahora a disfrutar
de los contratiempos incontrolables
de cada ser humano.

-Atado al corazón-

Otra vez,
para variar,
atado estoy a mi corazón
sin poder desvincularme de él,
pues vuelvo a estar en enamorado
y ello conlleva,
entre multiplicidad de cosas,
sufrimiento.

No puedo paliar lo que siento
ni aquello que sufriré al final
cuando la realidad me golpee
y comprenda que no es correspondido.

Tampoco espero tener respuesta
pues soy inseguro y cobarde por naturaleza,
ya que dudo expresar lo que siento
con quien lo siento.

Así que ese es mi amor:
silencioso,
callado,
reprimido para mí
y sufrido sin palabras,
ahogado en las dudas
de aquel que jamás preguntará.

-Amor sin avisar-

Y cuando menos te lo esperas
aparece repentinamente,
sin antecedentes,
sin avisar previo alguno:
te enamoras.

Será un flechazo,
un calor placentero en el corazón,
un imán para la mirada,
una recurrencia de pensamiento.

No sabrás como explicarlo
pero tampoco buscarás respuesta
ya que estarás ocupado
sintiendo el latir de un corazón
acompasado por amor.

La vida se ameniza,
todo tiempo es recuerdo,
esa persona se vuelve huésped
en el pensamiento,
en el actuar
y en cada respirar.

Simplemente disfrútalo
ya que de naturaleza todo es finito
y lo mismo que llega instantáneamente,
fugaz se desvanece.

-Cuando escribo-

Yo,
cuando escribo me libero
y desahogarme puedo
ante tanta impotencia de hacerlo.

Nunca hablo con nadie
más que con el papel
de aquello que solo yo sufro
y de aquello que solo yo gozo.

Las palabras son mi terapia
y el papel mi más sincero confesor es,
que alivia el sonoro silencio
que callo cada día.

Solo así soy libre,
solo así me desato,
solo así libero mi alma
presa en ataduras morales
que evado tras la poesía que escribo,
tras la tinta que vierto sobre el lienzo
que conforma mi cuaderno.

-Melancolía-

Melancolía brota de mis ojos
en forma acuosa de mil cristales
que se deslizan por mi cara
al recordar en añoranza
aquellos buenos tiempos.

Tiempos mejores
en los que,
quizás por ser joven e ingenuo,
era feliz.

Tiempos que ya,
con mi vida y mi experiencia,
sé muy bien de primera mano
que no regresarán.

Así que tan solo me queda eso,
el recuerdo,
el revivirlo infinitamente,
en mi mente
cuando sueñe despierto.

-No sé lo que escribo-

No sé lo que escribo
ni pretendo hacerlo;
tampoco lo analizo
ni busco significado alguno,
pues solo escribo,
no pienso.

Es lo que tiene que ser,
es lo que me sale,
lo que mi corazón me dicta
y yo a su completa merced
plasmo en el papel.

Si me pide melancolía, yo la escribo;
si me pide alegría, yo la escribo;
si me pide pasión, yo la escribo;
si no me pide nada, aún así escribo.

Así que son las circunstancias,
que piden y obligan a éste,
su esclavo a disposición,
que lo haga.

-Me gusta escribir-

Me gusta escribir
y no por nada en especial
más que por necesidad
y poder decir lo que siento
cuando lo siento.

Me satisfago
al pensar que cualquiera
pueda leer mis palabras y sentirlas suyas,
sentir lo escrito como vivencia propia
ante cualquier interpretación.

Creo pues que no es complicado
pero sí gratificante para mí,
pues mi poesía es simple
con la obligatoriedad de ser
fácilmente entendible
e interiorizada por todos.

Como escritor sin llegar a serlo
me reconforta el alma saber
que a cualquiera gusta aunque tan solo sea uno
de los tristes versos
que siento y escribo.

-Lo peor de todo-

Lo peor de todo
es la soledad que me inunda
cuando el ocaso acoge al sol,
aún estando acompañado durante el día.

Pienso yo
que será por el silencio que se respira
y hace darme cuenta en realidad
de lo solo que estoy.

Mas por ello escribo aún no sé para quién,
si para mi ansiado yo,
que desea comunicarse conmigo,
o para cualquiera que lea
mi tinta sobre el papel.

Cierro los ojos,
pienso,
me reclino en la silla
y suelto lentamente el aire de mis pulmones;
todo esto enmudecido
para no interrumpir el transcurso
de las agujas del reloj,
que marcan el entonado ritmo del silencio.

-Solo con eso-

Soy feliz con poco,
y todo de desinteresado carácter.

Me conformo con no mucho:
una luz en penumbra,
un cuaderno y un bolígrafo,
arsenal completo para poder sobrevivir
ante un mundo que de verdad no comprendo.

Algo de silencio
que eleve el sonido de mis pensamientos,
ansiosos por escapar del cuerpo que los retiene
cual cárcel de mil penurias.

Solo con eso
ya soy hombre que pueda aguantar el trajín
de una vida que vive sin entenderla
y sin demasiada ambición por hacerlo
ya que perdería su más pura esencia.

-Todo es poesía-

Poesía
somos todos,
todo lo es.

Poesía
es el movimiento de tu pelo al viento;
también lo es tu caminar;
poesía es el nacimiento de tu sonrisa
y esa forma que tienes de mirar.

Poesía
llevamos en nuestro interior,
la emanamos sin pretender,
mas no todos son capaces de apreciar
y no todos la quieren ver.

Es por eso que agradezco a no se quién
ver poesía en la cotidianeidad,
que dota de sentido la vida que vivo
y quiero vivir.

-Tanto siento-

Tanto siento
que nada digo,
todo escribo
y siempre callo.

Soy en esencia lo que siento
pero más aún
lo que nunca dije y atesoré cual pirata
en el más silencioso interior
de mi más profundo ser.

Demasiadas a mi parecer,
y para mi gusto,
cartas guardo sin enviar
que no vieron destinatario alguno
más que las sombras del ya lleno cajón.

Y en aquellas largas noches
le pregunto a ese yo que no soy
cuándo aunaré las fuerzas y el valor
para enviarlas y que digan por mí
aquellos sentimientos que se reiteran
con tinta sobre el papel.

-No lo puedo evitar-

Ocasiones multiples se han sucedido
en las que sin previo aviso
me enamoro sin querer ni pretenderlo,
pues avisome de la trajedia
antes incluso de acontecerse.

Detesto que me pase tan frecuentemente
ya que a pesar del embriago por amor,
el inminente golpe de realidad
me acabará no haciendo bien,
como siempre.

Llega a tal punto
mi ya compañera soledad,
que al más mínimo gesto de calidez
mi corazón se aferra para no soltar
ante tanta de afecto necesidad.

Y es que no lo puedo evitar,
no puedo detener a mi afligido corazón
que se desvive sin tampoco dejarme vivir,
por resquicios
de lo que cree sin ser amor.

-En el campus-

Sentado al sol del último mes del año,
me encuentro escribiendo en tranquilidad
que es corrompida por el casual pasar
de los coches por el campus.

No pienso en gran cosa
más que en el piído de los pájaros,
lejano y proveniente
de los desnudos árboles
cuyas hojas los desvistieron
con la llegada de octubre.

A mi espalda dejo la fría sombra
que oscurece los olivos del patio interior
sembrado de bancos,
testigos de mi frecuentado caminar entre ellos.

Los alumnos aguardan en las clases,
permitiéndome así su ausencia
disfrutar de un acogedor silencio
en mi quietud ininterrumpida
de alguien sin prisa por volver a casa.

-En ese momento-

Jústamente
es en el momento de sueño,
al meterme en la cama,
cuando más dudas
y todo tipo de reflexiones
me gritan en silencio.

¿Será por la ausencia de ruido alguno?
Quizás porque estoy más expuesto a pensar,
a pensar demasiado.

Todo tipo de cuestiones me abordan
y me veo incapaz de solventar las dudas,
induciéndome a preguntar aún más
sabiendo que no sé responderme.

Cuando más descanso necesito
es cuando menos calla mi cabeza
y me bombardea constantemente
sin dejarme descansar.

Y lo peor
es que cuanto más conocimiento tengo,
más dudas me surgen y menos creo saber,
naciendo dudas de las supuestas certezas.

-No soy nadie-

No me creo nadie
y sé que tampoco lo soy,
tengo esa seguridad.

Por eso me extraño cuando alguien,
conocido o no,
me reconoce cualquier mérito
sin esperarlo,
ni siquiera de mí mismo.

Desearía fervientemente
poder mirarme desde fuera
como cualquiera ajeno a mí lo hace,
pues la mía percepción se ennegrece
al no poder soportar el cómo soy en realidad.

Puede ser que precisamente
esa sea la causa de mi mal,
de mi odio hacia mi persona,
pues desde fuera solo se aprecia una parte
de la esencia de una persona
y quizás la otra no la conozca
ni la misma persona en cuestión.

-Muestro mentiras-

Realmente espero algún día poder quitarme
el manto de inseguridad que visto
bajo una falsa imagen de mí
de seguridad y confianza.

Mentira es lo que muestro
y tengo miedo de hacerlo de verdad;
un pánico que me aterra
hace muchos años ya,
un peso creciente que cargo sobre mis hombros.

Tan solo consigo liberarme del yugo
cuando escribo
y no temo represarias del papel
cuando me muestro sobre él,
desnudándome y apartando
cualquier falsa seguridad
que visto ante los demás.

Escribo todo,
lo que siento,
lo que callo,
lo que quiero,
lo que pienso;
me escribo y describo a mí mismo.

-No temo a la muerte-

No tengo temor alguno a la muerte;
quizás de joven sí,
pero ya no está presente.

Habiendo pasado ya algunos años
en este sueño llamado vida,
en este mundo insano,
las penas se han sucedido
y aún sin pretenderlo
he sufrido daños.

Más morales y de conciencia quizás
que me han supuesto un despertar,
un darme cuenta de que en un instante,
en un segundo,
todo se puede apagar.

Es ahí cuando empieza el planteamiento
y se repiten en la cabeza los pensamientos
de querer acabar con el sufrimiento,
rápido,
sin pensar,
en un solo intento.

-Quietud-

La quietud me acontece
y yo la disfruto.

Ahora que estoy solo,
sentado en esta mesa del no transitado bar,
puedo observar el panorama que me rodea.

La catedral se erige a mi derecha,
semiescondida tras un arbusto
cuyas flores lucen un vestido de claroscuros
que el sol borda con sus rayos solo para ellas.

Un gorrión desciende al suelo
para deleitarme con su canto y presencia
a escasos metros de mí.

Los árboles que envuelven la plaza
danzan para mí
meciendo suavemente sus ramas
al ritmo del silvido de la brisa.

Y ante este panorama,
ante este paisaje pintado para mi persona,
me deleito espectante
sin querer romper el momento,
pretendiendo sentir su esencia.

-Las chicas de allí-

Allí,
no muy lejos a mi izquierda,
se encuentran dos chicas
convertidas en objeto de mi curiosa mirada.

Aquí sentado las observo
evitando el descaro
para captar su naturalidad,
sus gestos desentendidos,
sus miradas repentinas:
para captarlas a ellas.

Adoro esa espontaneidad
de esa persona
que ignora una mirada sobre ella
y actúa tal cual le nace;
adoro la vida que emana
y yo soy testigo.

La escena es captada por mis ojos
y gozada por mis sentidos
cuando gestualizan al hablar y se recogen el pelo,
cuando se inclinan hacia delante
o una se muerde el labio sin pretenderlo.

He captado una sonrisa espontánea
cual estrella fugaz,
un roce cariñoso
de su lengua con sus labios
y una mirada de pura inocencia.

Parece no ser gran cosa
pero este tipo de escenas merece la pena vivir
por la vida que se respira
y emanan aquellas personas no forzadas a ser.

-Para evitar recaídas-

Puede que sí y puede que no,
nunca lo sabré
y tampoco pretendo hacerlo,
ya que me desintoxiqué
de un afrodisíaco recuerdo.

Pretendo no pensar en ella
para evitar recaídas en aquellas
largas noches de melancolía.

-La esencia de la poesía-

La máxima esencia
de la poesía
no es que esté escondida
ni oculta tampoco,
se halla esperando pacientemente
cualquier situación
que permítale ser belleza en esencia.

Ya sea en una mirada,
ya sea en una escena,
ya sea en un pensamiento.

Se manifiesta repentinamente
y acapara la atención de aquel espectador
que sepa y que pueda
verla sin ojos:
sentirla.

-Premonicé el día-

Nada más mirar por la ventana
premonicé el día que me aguardaba,
pues la calle vestía un manto de agua
y las nubes oscurecían mi visión.

De repente se abalanzaron unas y otras,
otras y unas,
cientos y miles de gotas de agua sobre el cristal,
creando una galaxia en constante movimiento
cuyos planetas acuosos aparecen,
se unen y desaparecen
en apenas un instante.

Tan hipnotizante fue el espectáculo,
tanta complejidad vi en la simpleza de la lluvia,
que atrapó todos mis sentidos.

-Miradas en silencio-

Miradas silenciosas
en un silencio sin miradas;
me atormento yo soñando
en aquel vívido recuerdo.

Pienso que pierdo todo,
mi habla, esencia y cordura,
cuando presencio la belleza de tu rostro
en el anhelo de mis noches más oscuras.

-Llueve-

Caen cientos y miles
de acuosos cristales
que no hacen sino ennegrecer
el día que presencio.

Su sonido me acuna
aún cuando permanezco despierto
y su caer que moja
me viste de un húmedo ligero manto.

Llueve
y no es en el exterior
más que las lágrimas que lloro.

Llueve
y es en mi interior,
donde más profundo me escondo.

-No olvido tu recuerdo-

No y no,
tengo que reconocerlo:
no puedo olvidar tu recuerdo.

Has significado
y significas mucho para mí
a pesar de lo pasado
y de este tan triste devenir.

No lo oculto pero sí lo evito
y no retracto todo lo que te he dicho:
que te quiero
aún en el silencio del olvido
y que te extraño
en mi más callado despecho.

-Te pienso-

Tu olvido
se convierte en recuerdo
cuando accidentalmente te pienso.

Y me maldigo
a mi mismo por hacerlo,
por traerme sueños de anhelo.

-Es poesía-

Cualquier forma de expresión
que provenga del alma
o de la esencia de una persona
es poesía cual diamante en bruto.

Una mirada,
una sonrisa,
un roce descuidado,
un gesto desprevenido.

Eso,
eso es poesía
a los ojos expertos
de cualquier poeta.

-Veinticuatro de diciembre-

Aúno un paso tras otro
sin convicción alguna
más que el no saber dónde ir este,
tan disperso de cotidianeidad,
veinticuatro de diciembre.

Extrañeza me acompaña
en cada giro que tomo
y en cada paso que dejo atrás,
pues perdido estoy
en la ciudad que me vio crecer,
en las calles que mil veces recorrí.

Soledad no se rezaga
y sigue de cerca mis pasos,
haciéndome compañía
en mi incierta caminata.

Sentado en un banco
en compañía de tan solo yo mismo;
así culmina la escena
de esta obra de teatro llamada vida,
con el pedazo de luz que arroja la farola
contra las sombras que inundan el parque.

Tan solo me queda pensar
y desconozco sobre qué,
para acabar de cumplir
lo que el destino me aguarda
dirigiendo mis desfasados pasos
a este parque,
a este banco,
a este momento.

-La paz que respiro-

La paz que respiro en el campo
no es comparable con el día a día
que llena mis pulmones
en la monónota ciudad.

Aquí dejo la prisa atrás,
el enajenado ritmo de vida,
la incierta impersonalidad
y todo aquello con lo que convivo
en la jungla de cemento.

-En los brazos de Morfeo-

Poco a poco
voy cayendo en los brazos de Morfeo,
resistiendo cuanto puedo
al inevitable final que me aguarda.

Pero aún forzando mi lucidez
intento vislumbrar
el alrededor que me arropa:
el cielo gris que amenaza furia de tormenta
tras el muro y la ventana,
mientras el fuego me canta una nana
chisporroteando entre llamas.

-Historia sin buen final-

Como si de un imán se tratase,
mi mirada fue atraída hacia su rostro,
¡bendita perfección!

Miraba como y cuando podía,
pues no deseaba ser cazado
por una mirada suya.

Aprovechaba cualquier despiste
para verla trabajar tras la barra del bar;
situado estratégicamente tras una ventana
la observaba laborar.

Tan dulce,
tan inocente,
tan despreocupada
y tan espontánea
que el flechazo fue inmediato.

Pero me temo que no,
que no tiene buen final
esta historia para mí,
pues no me desencadené de la vergüenza
y hablarle se me hizo imposible.

Así que como siempre
la historia se repite
y este corazón tendrá que lidiar
con otro fracaso
por ni siquiera atreverse a intentarlo.

-Soy-

Quiero y deseo ser
tan solo
lo que veo de mí.

Ser aquello que la gente ve,
lo que muestro sin complejos,
únicamente esa parte de mí:
mucho más de lo que veo,
mucho más de lo que soy,
mucho más de lo que muestro.

Soy
mil tormentos
que llevo dentro.

Soy
recurrentes pesadillas
que me asolan en la noche.

Soy
tantas cosas que nunca dije
por reparo al qué pensar.

Soy
todo aquello que escondo
por miedo a ser
realmente yo.

CUANDO EL ALMA LO GRITA

[prosa]

ÍNDICE

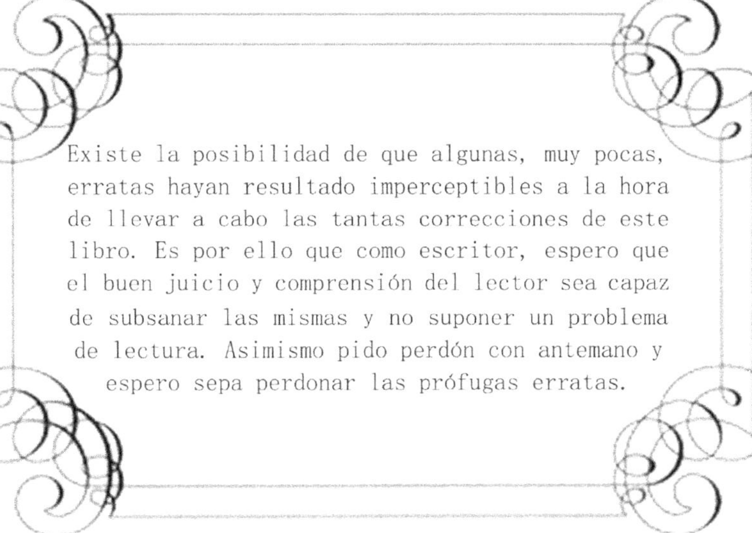

Existe la posibilidad de que algunas, muy pocas, erratas hayan resultado imperceptibles a la hora de llevar a cabo las tantas correcciones de este libro. Es por ello que como escritor, espero que el buen juicio y comprensión del lector sea capaz de subsanar las mismas y no suponer un problema de lectura. Asimismo pido perdón con antemano y espero sepa perdonar las prófugas erratas.